ARRESTS
DE REGLEMENT
DE NOS-SEIGNEVRS DES
Cours de Parlement de Paris & de Rennes
en Bretagne, Touchant les Sepultures,

Estant permis aux parents des defuncts de les faire inhu-
mer aux Eglises de quelque Paroisse, ou aux Eglises
des Maisons de Religion, qu'ils auront
choisis à cét effect.

LOVIS par la grace de Dieu Roy de France
& de Nauarre. Au premier des Huissiers de
nostre Cour de Parlement, ou autre nostre
Huissier ou Sergent sur ce requis, Salut,
Sçauoir faisons, que comme le iour & datte des presentes, Comparans judiciairemét en nostredite Cour,
Nostre Procureur General prenant la cause pour son
Substitut au Siege Presidial d'Angers, qui l'auoit prise
pour les Religieux de l'Ordre de Sainct François audit Angers, appellans comme d'abus d'vne sentence
donnée par l'Official de l'Euesque dudit Angers le 27.

A

Aouſt 1610. d'vne part. Et les Chanoines & Chapitre de l'Egliſe & Paroiſſe de S. Maurille d'Angers, Curez primitifs d'icelle, Maiſtre Michel Marquis, & Anthoine Meſlet Preſtres, Curez & Vicaires perpetuels de ladite Egliſe, intimez d'autre, ou les Pocureurs des parties. Apres que Seruin pour noſtre Procureur General, & de Monthelon pour les intimez ont eſté ouys: Noſtredite Cour dit, qu'il a eſté mal, nullement & abuſiuement jugé & ordonné par l'Official de l'Eueſque d'Angers, Et faiſant droit ſur le Reglement, Ordonne que d'oreſnauant quand il y aura ellection de ſepultures par teſtament ou verbalement par les defuncts, ou leurs heritiers & parens au Conuent deſdits Religieux S. François d'Angers, par les particuliers, ſoient Paroiſſiens des Egliſes Paroiſſiales & ordinaires de la ville d'Angers, ou eſcoliers & autres eſträgers, le corps du defunct ſera enleué par les Recteurs & Curez deſdites Egliſes Parochiales, & par eux porté au Conuent deſdits Religieux de S. François. Si te mandons à la Requeſte de noſtredit Procureur pour leſdits Religieux de S. François, tu mette le preſent Arreſt à deuë & entiere execution, ſelon ſa forme & teneur, en contraignant à ce faire & ſouffrir tous ceux qu'il appartiendra. De ce faire te donnons pouuoir. Donné à Paris en Parlement le 19. iour de Iuillet l'an de grace 1612. Et de noſtre regne le 3.

Signé, Par la Chambre, VOYSIN. Et ſellé.

EXTRAICT DES REGISTRES
du Parlement de Bretagne.

Eu par la Cour, grand' Chambre & Tournelle assemblées, les requestes presentées à icelle le 14. & 16. d'Aoust present mois, par Damoiselle Ieanne Des-Vaux veufue de Guillaume Beschayes, viuant Sieur des Germeaux, Pierre Guillart & Perrine Bouthemie sa femme, & Iulienne Loysel veufue de Iean le Gẽdre, viuant l'vn des Maistres Boulangers de ceste ville, Vincent le Gendre & Iean le Gendre ses enfans, & Guillaume d'Alibot mary de Thomasse le Gendre leur fille : Remonstrans que les Recteurs des Paroisses de Toussaincts, S. Germain, Sainct Estienne, & autres de ceste ville & Fauxbourgs, contre les Ordonnaces, Arrests & Reglemens conformes aux Conciles Generaux & dispositions Canoniques, s'efforçoient journellement & contre l'intention & derniere volonté d'aucuns particuliers de les inhumer dans leurs Eglises par force & violence, encore qu'ils eussent declaré auant leur decez leur intention de vouloir estre inhumez dans autres Eglises & Conuents de ceste ville : Ce qui seroit arriué en la personne de Damoiselle Françoise Beschayes fille de ladite Des-Vaux decedée au mois d'Auril dernier, que le Recteur de ladite Paroisse de Toussaincts auroit par force & violence fait inhumer en ladite Eglise de Toussaincts, nonobstant la deuotion & volonté de ladite defuncte , qui auroit demandé à eſtre inhumée dans l'Egliſe des Carmes de ceſte ville: & pareillement és perſonnes de Ieanne Guillart fille deſdits Pierre Guillart & Bouchemie , decedée au Careſme dernier, qui auſſi auroit demandé eſtre inhumée en ladite Egliſe des Carmes, que le Recteur de la Paroiſſe de S. Germain de ceſte ville auroit par force & violence fait inhumer en ladite Egliſe de S. Germain : & de Iean le Gendre fils de ladite Loyſel decedé puis peu de jours, que le Recteur de la Paroiſſe de Sainct Eſtienne auroit voulu par force & violence faire inhumer le corps dãs ladite Egliſe, contre l'intention dudit defunct, qui auroit demandé eſtre inhumé en l'Egliſe des Iacobins de ceſte ville : Leſquelles voyes de fait & violences eſtoient grandemẽt prejudiciables au public, & ſeroit priué vn chacun de ſa derniere volonté & teſtament. Requerant pour ces cauſes & autres contenuës auſdites requeſtes , qu'il pleuſt à ladite Cour y pouruoir & donner Reglement, Concluſions du Procureur General du Roy, Tout conſideré. La Cour a ordonné & ordonne, que les Recteurs & Curez des Paroiſſes de ceſte ville & faux-bourgs d'icelle, aſſiſtez des Preſtres de leurs Egliſes , leueront les corps des decedez en leurſdites Paroiſſes , pour les porter & conduire aux Conuẽts ou autres Egliſes, auſquelles leſdits defuncts ou leurs parens & heritiers auroient choiſi leur ſepulture. Et ſera le preſent Arreſt ſignifié par Euen Huiſſier auſdits Recteurs & Curez, à ce qu'ils ayent à obeïr.

Faict en Parlemēt à Rennes le dix-huictiesme d'Aoust mil six cens vingt & trois.

Signé,   MONNERAYE.

EXTRAICT DES REGISTRES
de Parlement.

VEv par la Cour, grand' Chambre & Tournelle assemblées, la requeste de Maistre Gilles Pean, Iulien Pean & Iulien Gicquel commis pour faire les diligences & fraiz des obseques de sepulture du corps de feu Guillemette Loison, viuante femme de Maistre Georges Pean, contenant le desordre arriué lors de ladite sepulture, requerant qu'il eust pleu à la Cour y pouruoir: Arrest de ladite Cour du 18. d'Aoust dernier, Conclusions du Procureur General du Roy, & tout consideré. La Cour faisant droit sur les conclusions du Procureur General du Roy, a ordonné & ordonne que les Recteurs & Curez des Paroisses de ceste Prouince, assistez des Prestres de leurs Eglises, leueront les corps des decedez en leursdites Paroisses, pour les porter & conduire aux Conuents ou autres Eglises, ausquelles lesdits defuncts ou leurs parens & heritiers auront choisi leurs sepultures: Et sera le present Arrest enuoyé aux Sieges Presidiaux

& Royaux de ce Reſſort, pour y eſtre à la diligence des
Subſtituts du Procureur General gardé & obſerué.
Faict en Parlement à Rennes le 1. iour de Septembre
1623.

Signé, **MONNERAYE.**

EXTRAICT DES REGISTRES
du Parlement de Paris.

LOVIS par la grace de Dieu Roy de France &
de Nauarre. Au premier des Huiſſiers de noſtre Cour de Parlement, ou autre noſtre Huiſſier ou Sergent ſur ce requis, Salut. Sçauoir faiſons,
Comme le iour & datte des preſentes, Comparans en
noſtredite Cour de Parlement les Religieux, Prieur
& Conuent des Carmes de Tours, appellans comme
de pretendu Iuge incompetant d'vne Ordonnance
decernée par le Preuoſt dudit Tours ou ſon Lieutenant le deuxieſme d'Auril mil ſix cens trente, & intimez d'vne part. Et les Chanoines & Chapitre de l'E-
gliſe Collegiale & Parochiale de S. Pierre le Pillier
dudit Tours, intimez & auſſi appellans de ladite Ordonnance d'autre. Et encores entre leſdits Chanoines & Chapitre de ladite Egliſe Sainct Pierre le Pillier, demandeurs à l'entherinement d'vne requeſte par
eux preſentée à la Cour le 15. Iuin 1630. d'vne part.
Et leſdits Religieux, Prieur & Conuent des Carmes

dudit Tours, deffendeurs d'autre, ou les Procureurs
defdites parties. Et veu par noftredite Cour ladite Ordonnance dont eft appel du 2. Auril 1630. Par laquelle ledit Preuoft de Tours auroit ordonné que les
parties fe pouruoiroient pardeuant l'Archeuefque de
Tours ou fon Official, pour l'inhumation feulemét
du corps de feu Nicolas de Cazalyer Chirurgien de
la ville de Nantes, & jufques à ce qu'il en euft efté de-
cidé par ledit Archeuefque ou fon Official, Auroit
fait deffenfes aufdits Religieux & Conuent des Carmes de paffer outre à la fepulture & inhumation du
corps dudit defunct Cazalyer, à peine de tous defpens, dommages & interefts. Arreft du 23. Iuillet
1630. Par lequel fur l'appel refpectiuement interjecté
par les parties de ladite Ordonnance, Noftredite
Cour les auroit appoinctées au Confeil à efcrire &
produire. Acte du 11. Auril dernier, par lequel lefdits
Religieux & Conuent des Carmes fe feroient defi-
ftez de l'appel par eux interjecté de ladite Ordonnance, Caufe d'appel defdits Chanoines & Chapitre de
Sainct Pierre le Pillier, Refponfes defdits Religieux &
Conuent des Carmes, Productions defdites parties,
Contredicts refpectiuement fournis, La Requefte re-
prefentée par lefdits Chanoines & Chapitre de Sainct
Pierre le Pillier du 15. Iuin 1630. à ce qu'ils fuffent
maintenus & gardez en la poffeffion & jouiffance de
leurs droicts Curiaux & Parochiaux en l'eftenduë de
leur Paroiffe de S. Pierre le Pillier de Tours, & que

deffences fuſſent faites auſdits Religieux & Conuent des Carmes de les troubler ny empeſcher, à peine de tous deſpens, dommages & intereſts, Deffenſes, Repliques, Appoinctement en droict, & joinct, Productions deſdites parties en ladite Inſtance, Concluſions de noſtre Procureur General : Et tout conſideré. Noſtredite Cour, en tant que touche l'appel deſdits Religieux & Conuent des Carmes dudit Tours, en conſequence de leur deſiſtement, A mis & met les parties hors de Cour, pour ce regard. Et ſur l'appel interjecté par leſdits Chanoines & Chapitre de S. Pierre le Pillier, A mis & met l'appellation & ce dont il a eſté appellé au neant, ſans amende ; En emendant & faiſant droict ſur ladite Requeſte du 15. Iuin 1630. a ordonné & ordonne, que quand il y aura election de ſepultures par teſtament ou verbalement par les defuncts ou leurs heritiers & parens au Conuent deſdits Religieux Carmes, Paroiſſiens des Egliſes Parochiales & ordinaires de ladite ville de Tours, habitans d'icelle ou eſtrangers, le corps ſera enleué par les Recteurs & Curez deſdites Egliſes Parochiales, & par eux porté au Conuent des Religieux Carmes, pour par eux eſtre receu & enterré en leur Conuent, apres ſommation preallablement faicte auſdits Recteurs & Curez, & s'ils eſtoient refuſans ou fiſſent delay de porter les corps, Permis en ce cas auſdits Religieux d'enleuer leſdits corps, & iceux faire porter & enterrer en leur Egliſe, ſans deſpens. Si te mandons & commettons

mertons par ces presentes, qu'à la requeste desdits Religieux, Prieur & Conuent des Carmes de Tours, le
present arrest tu mette à deuë & entiere execution, se-
lon sa forme & teneur. De ce faire te donnons pouuoir. Donné à Paris en nostre Parlement le dernier
iour de May, l'an de grace mil six cens trente - vn. Et
de nostre regne le vingt-deuxiesme.

Signé, Par la Chambre, RADIGVE. Et seellé.

Extraict des Registres de Parlement.

ENTRE Ian Picquot Sieur de la Gicque-
laye, Pierre Eon Sieur de Carman, Nicolas
Heurtault Sieur de la Ville-jan, Laurent
Crosnier Sieur des Vignes, Ian Graué
Sieur des Hautes Salles, Georges Ian Seur de la Ville
au Moyne, Oliuier Pean Sieur du Pré-Besnard, Ian
Collin Sieur de Limoillou, & Faby Beart Sieur des
Bassieres, Bourgeois & Habitans de la ville de Sainct
Malo, appellans comme d'abus de certaine pretenduë
Interdiction d'vne Chapelle situeé dans l'vn des Ci-
metieres estans dans la ville de S. Malo, ordonnée par
Missire Ian le Marié Chanoine dudit S. Malo: Ensem-
ble des Excommunications contre eux fulminées par
ledit le Marié les 4. & 5. Octobre 1631. Publication
d'icelles faites par Missire Guillaume le Fer aussi Chanoine & Curé dudit S. Malo, Et de tout ce que fait a

esté en consequence par ledit le Marié, & à la pour-
suite & requeste. Mesme en tant que besoin appellans
de certaines deffences faites par le Seneschal dudit S.
Malo, rapportées en son procez verbal du 4. Octobre
dernier, d'vne part ; Et lesdits Missire Ian le Marié
& Guillaume le Fer intimez & pris à parties ; Et les
Noble Bourgeois & habitans dudit Sainct Malo interuenans par requeste du 17. Nouembre dernier, &
adherans aux conclusions desdits appellans , & les
Doyen, Chanoines & Chapitre dudit S. Malo, pareillement interuenans par autre requeste du 26. dudit
mois de Nouembre, & adherans aux conclusions des
intimez, & pris à partie d'autre part. VEV par la Cour
l'arrest d'jcelle donné à l'Audience publique le 2. de
Decembre present mois, sur la plaidoirie de la cause,
portant qu'il en seroit deliberé au Conseil, & que les
Aduocats desdites parties mettroient leurs sacs &
actes au Greffe, lesdites Excōmunications, interdict,
publications & procez verbal dudit Seneschal de S.
Malo, contenant lesdites deffences dont sont les appellations, Arrest de ladite Cour du 8. dudit mois
d'Octobre, donné sur la requeste presentée à icelle
par lesdits appellans, par lequel auroit esté ordonné
qu'il seroit informé par le Conseiller & Commissaire
à ce deputé des faicts de ladite requeste, procez verbal
& informations faites en execution par lesdits Conseiller & Commissaire les 10. 11. 12. & autres iours
suiuans dudit mois d'Octobre : Les actes & pieces

defdites parties mifes audit Greffe, fuiuant ledit arreft
du 2. de cedit mois de Decembre: Conclufions du
Procureur General du Roy, Et tout confideré, LA
COVR, en l'interuention defdits Doyen, Chanoines
& Chapitre de S. Malo, folle intimation & prife à partie dudit le Fer, a mis & met les parties hors de Cour
& de procez, fans defpens: Et en l'appellation des deffences faites par ledit Senefchal de S. Malo, met ladite appellation, & ce dont a efté appellé, au neant:
corrigeant & reformant le jugement, & faifant droict
aufdites appellations comme d'abus, & prife à partie
dudit le Marié, dit qu'il a efté mal, nullement & abufi-
uement ordonné interdict, fulminé & publié, caffé,
rejetté & annullé tout ce que fait a efté par ledit le
Marié, lequel ladite Cour a declaré bien pris à partie,
& l'a condamné reuoquer lefdites excommunications & interdict, & en rendre lefdits appellans ab-
fouls trois iours apres la fignification qui luy fera fai-
te du prefent arreft, à peine de faifies du temporel
de fes Benefices: & l'a outre condamné aux defpens
des caufes d'appel, moderez à trente liures, & aux frais
de l'execution dudit arreft du 8. Octobre dernier. Et
faifant droict fur les conclufions du Procureur General du Roy, & interuention defdits habitans, LADI-
TE COVR les a maintenus en la liberté de choifir
leurs fepultures & fe faire inhumer aux Cimetieres
de l'Eglife de S. Malo, & Chapelles bafties en iceux:
Et a fait inhibitions & deffences aufdits Doyen, Cha-

noines & Chapitre , & tous autres de les en empef-
cher, & de prendre aucune chofe pour les fepultures
qui fe feront en leurs Eglife , Chapelles ou Cimetieres de ladite ville , fur les peines portées par les Conf-
titutions Canoniques, & de repetition au quadruple
contre ceux qui fe trouueront auoir exigé deniers
pour lefdites fepultures. Fait en Parlement à Rennes,
le cinquiefme de Decembre mil fix cens trente-vn.
Prononcé à la Barre de la Cour à l'iffuë d'icelle lefdits
iour & an.

   Signé,   MONNERAYE.

EV EN LA COVR ET SIEGE
Royal de Hennebond au procez y
pendant entre honorables gens Philipes Torledan frere vterin & heritier
de defunct Hamon Tanguy , &
Claude Fontenay , & François Breu-
heal auffi parens & alliez dudit Tanguy, demandeurs
& accufateurs, d'vne part: Et Miffire Guillaume Rouxel Vicaire perpetuel dudit Hennebond , deffendeur:
Et Miffire Ian Niho Preftre audit Hennebond , auffi
deffendeur & accufez d'autre : Et lefdits Rouxel &
Niho auffi demandeurs & accufateurs de leur part: &
outre demandeurs en requefte du 18. iour de Ianuier
dernier , afin de payement de 17. liures tournois pour
l'enterrement dudit defunct Tanguy vers lefdits Tor-

ledan , Fontenay & Breuheal, auſſi accuſez & deffendeurs en ladite requeſte, d'autre part. La plaincte & requeſte deſdits Torledan, Fontenay & Breuheal du 15.
iour dudit mois de Ianuier dernier ; Remonſtrans par
icelle que leſdits Rouxel & ſes Preſtres auroient inju-
rieuſement & ſcandaleuſement diuerty & ſoubſtraict
le corps mort dudit Tanguy lors du conuoy & con-
duite d'iceluy faict par eux & les peres Carmes dudit
Hennebond , pour l'inhumer en l'Egliſe des Carmes
dudit lieu , en laquelle toutes choſes eſtoient conue-
nablement preparées & diſpoſées ſelon ſa condition,
ainſi qu'il l'auoit deſiré & ordonné auant ſon decez:
Et au lieu de ce faire , auroient contre le gré auſſi &
oppoſition deſdits ſupplians deſtourné & tranſporté
ledit corps en l'Egliſe Parochiale hors ladite ville, ſans
luminaires , torches , ny aſſiſtance de perſonne , qu'ils
reuocquent à injure. Et outre leur auroient proferé
pluſieurs injures ſcandaleuſes mentionnées en leurdi-
te plaincte , Concluſions du Procureur du Roy , qui
declare adherer à icelle , Informations faictes en conſequence ledit iour 15. de Ianuier & 17. iour dudit
mois , Autres concluſions dudit Procureur du Roy &
Ordonnance dudit iour , que ledit Rouxel & Niho
ſeroient adjournez comparoir en perſonnes pour eſtre
ouys; Autre requeſte & plaincte deſdits Rouxel & Niho preſentée le 16. iour dudit mois de Ianuier , & In-
formation ſur icelle dudit iour , Ordonnance du meſme iour , que ledit Torledan ſeroit pareillement ad-

iourné comparoir en perſonne pour eſtre auſſi ouy,
Autre requeſte dudit Rouxel & ſes Preſtres preſentee
le 18. iour dudit mois de Ianuier, en demande de ſa-
laire, Procez judiciel enſuy ſur icelle le 19. iour dudit
mois, par lequel ladite requeſte auroit eſté joincte aux
inſtances criminelles, Ordonnance dudit iour ſur les
aſſignations données reſpectiuement par les parties,
qu'icelles ſouffriroient interrogation ſur leſdites informations reſpectiues, Interrogation du meſme iour
dudit Torledan, & ſommation faicte auſdits Rouxel
& Niho de conclure ſur icelle, Concluſions dudit
Procureur du Roy, & ſentence, par laquelle eſt ordonné, auant faire droict, que leſdits Rouxel & Niho ſeroient ouys aux fins des Ordonnances precedentes,
pour ſur le tout eſtre fait droict comme appartiendra,
Repreſentation deſdits Rouxel et Niho, ſans preiudi-
ce de l'appel par eux interjecté deſdites Ordonnances, & leurs interrogations par deuant l'vn des Iuges
de ceſte Cour, ſçauoir dudit Niho du 26. iour de Ianuier dernier, & dudit Rouxel du 1. iour de ce mois,
Leurs reſponces, confeſſions & denegations, Les Arreſts de la Cour touchāt les ſepultures, par leſquels eſt
permis aux parens des defuncts de les faire inhumer
aux Egliſes de quelques Paroiſſes, ou aux Egliſes des
maiſons de Religion qu'ils auront choiſis à cét effect,
Leſdits Arreſts datez des 19. Iuillet 1612. 8. iour d'Aouſt
1623. 1. iour de Septembre audit an 1623. dernier
iour de May 1631. & 5. iour de Decembre audit an

1631. Procez judiciel enſuy audit Hennebond entre Damoiſelle Louiſe de Lemau veuſue de defunct Maiſtre François Leſcauf & Guillaume Leſcauf ſon fils demandeurs, & ledit Rouxel Vicaire dudit Hennebond deffendeur, & les Religieux Carmes dudit lieu interuenans, par lequel ſur l'inſiſtance faicte par ledit Rouxel de leuer le corps mort dudit Leſcauf s'il n'euſt eſté inhumé dans l'Egliſe Parochiale; Auroit eſté, en conſequence des Arreſts ſuſdits ordonné, que ledit Rouxel & ſes Preſtres leueroient le corps mort dudit Leſcauf pour le porter aux Carmes, Autrement & ſur ſon refus de ce faire, permis auſdits Religieux Carmes de l'enleuer & enterrer en leur Egliſe. Ledit procez datté du 20. iour de Septẽ. 1632. ſignifié audit Rouxel le 21. iour dudit mois par Clerget Sergent Royal. Cõcluſions deſdits Torledan, Fontenay & Breuheal ſous le ſeing de Roſlagadec leur Procureur, du 3. iour du preſent mois, Et les concluſions diffinitiues du 15. iour de ce mois dudit Procureur du Roy, auquel le tout auroit eſté communiqué par Ordonnance de ceſte Cour: Et tout conſideré. Novs en la plainete deſdits Rouxel & Niho, & en ladite requeſte du 18. iour de Ianuier dernier, Auons mis les parties hors de Cour & de procez. Et en la plainete deſdits Torledan, Fontenay & Breuheal, Diſons qu'ils ont eu cauſe de former icelle, & y faiſant droict, Auons condamné & condamnons ledit Rouxel enuers eux pour la contrauention auſdits Arreſts, & autres faicts recogneuz au procez en la somme de six liures. Ordonne suiuant lesdits Arrests, que quand il y aura eslection de sepultures par testament ou verbalement par les defuncts ou leurs heritiers & parens au Conuent desdits Religieux Carmes par les particuliers, soient Paroissiens dudit Hennebond, estrangers ou autres, le corps sera enleué par ledit Rouxel ou son Curé assisté de Prestres & conduict au Conuent desdits Religieux Carmes pour par eux estre receu & enterré en leur Conuent; Et si lesdits Vicaires & Prestres estoient refusans & faisoient delay de leuer le corps, permis en ce cas (apres sommation preallablement leur faicte) ausdits Religieux d'eleuer lesdits corps & iceux faire porter & enterrer en leur Eglise. Faisons deffence ausdits Vicaire & Prestres d'apporter pareil trouble & desordre aux sepultures, sur les peines qui escheent. Et auons condamné ledit Rouxel aux despens du procez, moderez à dix liu. la visite d'iceluy & retraict de la presente non compris. Faict & arresté à Hennebond en la Chambre du Conseil, le 9. iour de Feurier 1634. Lieutenãt Rapporteur. Ainsi signé, L. du Perenno. Vincent le Flo, & Iean Hamon. La Sentence cy dessus conclute & arrestée par escrit de Messieurs les Seneschal, Alloüé & Lieutenant de cestedite Cour & d'eux signée, a esté ce iour leuë & prononcée en l'Audience des causes ciuilles & ordinaires dudit Hennebond, le requerant Maistre Iean Beslagadet Procureur desdits Torledan, Fontenay & Breuheal, vers & en la presence de

Maistre

Maistre Georges Bertrand Procureur desdits Rouxel
& Niho, dequoy a esté decerné acte, mesme des pro-
testations dudit Bertrand audit nom, qui a protesté
de grief & d'appel passé d'en auoir conferé à ses parties, ausquelles auons ordonné la presente estre signi-
fiée par le premier Sergent requis. Faict en ladite Audience, & par deuant mesdits Sieurs les Seneschal, Alloüé & Lieutenant, presens Maistre Pierre le Gouuel-
lo Substitud de Monsieur le Procureur du Roy audit
Hennebond, le Ieudy neufiesme Feurier mil six cens
trente & quatre. Signé De la Grée Commis au Greffe.
Par Coppie,　　MONNERAYE.

Du 29. iour de May 1634.

Ntre Missire Guillaume Rouxel Prestre, Vicaire perpetuel de l'Eglise Parochiale de nostre Dame de Hennebond, & Missire Ian
Niho Prestre de ladite Eglise, appellans d'expedition
de Requeste ordonnée par l'Alloüé dudit Hennebond le 15. iour de Iannier 1634. Decret d'adjourne-
ment personnel du 17. iour dudit mois, de certaines
Ordonnances des 19. & 21. iours dudit mois, & de
sentence diffinitiue du 9. de Feurier audit an, & de
tout ce que fait auroit esté en consequence : Maistre
Sebastien Durand Aduocat, Guillaume Pommeret
Procureur, d'vne part. Et Philipes Torledan, Fran-

çois Breuheal & Claude Fontenay, intimez : Maiftre
Ian Oliuier Aduocat, Ian Ruellan Procureur, d'autre
part.

Durand, par les raifons qu'il a verbalement deduites, a conclud à ce qu'il euft efté dit, qu'il auoit
efté mal decreté, ordonné & jugé, que le tout fera
caffé, rejetté & annullé, que deffences feront faites
aux Peres Carmes d'enleuer ny inhumer les corps des
defuncts, qu'au preallable ils n'ayent preuue par tefta-
ments par efcrit de l'intention des defuncts, & que les
intimez euffent efté condamnez payer le falaire de la
fepulture du defunct, & aux defpens.

Oliuier pour les intimez, parens & amis de defunct
Hamon Tanguy, a dit qu'il a efté par tout bien jugé,
& que la fentence a efté renduë fuiuant les faincts
Conciles & Bulles des Papes Xifte IIII. Ian XXII.
Eugene IIII. & Xifte III. qui ont concedé ces pri-
uileges aux Religieux des Carmes, d'enterrer dans les
Eglifes & Cimetieres de leurs Conuents & Monafte-
res les corps des defuncts qui l'auroient defiré à la
mort : & auffi aux termes des Arrefts & Reglements
des Cours Souueraines & de ce Parlement, du iour
de
qui permettent aux defuncts ou à leurs heritiers ou
amis de choifir le lieu de la fepulture du defunct, foit
qu'il y euft teftament ou non, le droict de la fepulture
eftant libre à vn chacun, & ordonnent que les corps
des defuncts feront enleuez & portez par ceux de la

Paroiſſe, pour eſtre inhumez au lieu que le defunct, ou les heritiers auront choiſi, & par autres raiſons qu'il a verballement deduites, a conclud à ce que les appellans euſſent eſté declarez ſans grief.

Ouy ſur ce Buſnel pour le Procureur General du Roy, LA COVR a mis & met les appellations, & ce dont a eſté appellé au neant, en ce que leſdits appellans auroiét eſté condamnez en ſix liures d'amende, & aux deſpens: le ſurplus des ſentences ſortant leur effect, ſans deſpens des cauſes d'appel.

Extraict des Regiſtres de Parlement.

Signé,   MONNERAYE.

Collationné aux originaux.